Dieses Tankbuch gehört:

Name: _______________________________

Geburtsdatum: _______________________________

Straße / Nr.: _______________________________

PLZ / Wohnort: _______________________________

Telefon privat: _______________________________

Telefon beruflich: _______________________________

E-Mail: _______________________________

Fahrzeugdaten:

Kennzeichen: _______________________________

Marke und Typ: _______________________________

Kilometerstand: _______________________________

Sonstige Notizen: _______________________________

____

____

____

Datum	Kilometerstand	Liter	€ pro Liter	Gesamtbetrag

Datum	Kilometerstand	Liter	€ pro Liter	Gesamtbetrag

Datum	Kilometerstand	Liter	€ pro Liter	Gesamtbetrag

Datum	Kilometerstand	Liter	€ pro Liter	Gesamtbetrag

Datum	Kilometerstand	Liter	€ pro Liter	Gesamtbetrag
Datum	Kilometerstand	Liter	€ pro Liter	Gesamtbetrag
Datum	Kilometerstand	Liter	€ pro Liter	Gesamtbetrag

Datum	Kilometerstand	Liter	€ pro Liter	Gesamtbetrag

Datum	Kilometerstand	Liter	€ pro Liter	Gesamtbetrag

Datum	Kilometerstand	Liter	€ pro Liter	Gesamtbetrag

Datum	Kilometerstand	Liter	€ pro Liter	Gesamtbetrag
Datum	Kilometerstand	Liter	€ pro Liter	Gesamtbetrag

Datum	Kilometerstand	Liter	€ pro Liter	Gesamtbetrag

Datum	Kilometerstand	Liter	€ pro Liter	Gesamtbetrag

Datum	Kilometerstand	Liter	€ pro Liter	Gesamtbetrag

Datum	Kilometerstand	Liter	€ pro Liter	Gesamtbetrag

Datum	Kilometerstand	Liter	€ pro Liter	Gesamtbetrag

Datum	Kilometerstand	Liter	€ pro Liter	Gesamtbetrag

Datum	Kilometerstand	Liter	€ pro Liter	Gesamtbetrag

Datum	Kilometerstand	Liter	€ pro Liter	Gesamtbetrag

Datum	Kilometerstand	Liter	€ pro Liter	Gesamtbetrag

Datum	Kilometerstand	Liter	€ pro Liter	Gesamtbetrag

Datum	Kilometerstand	Liter	€ pro Liter	Gesamtbetrag

Datum	Kilometerstand	Liter	€ pro Liter	Gesamtbetrag
Datum	Kilometerstand	Liter	€ pro Liter	Gesamtbetrag

Datum	Kilometerstand	Liter	€ pro Liter	Gesamtbetrag

Datum	Kilometerstand	Liter	€ pro Liter	Gesamtbetrag

Datum	Kilometerstand	Liter	€ pro Liter	Gesamtbetrag

Datum	Kilometerstand	Liter	€ pro Liter	Gesamtbetrag

Datum	Kilometerstand	Liter	€ pro Liter	Gesamtbetrag

Datum	Kilometerstand	Liter	€ pro Liter	Gesamtbetrag

Datum	Kilometerstand	Liter	€ pro Liter	Gesamtbetrag

Datum	Kilometerstand	Liter	€ pro Liter	Gesamtbetrag
Datum	Kilometerstand	Liter	€ pro Liter	Gesamtbetrag

Datum	Kilometerstand	Liter	€ pro Liter	Gesamtbetrag

Datum	Kilometerstand	Liter	€ pro Liter	Gesamtbetrag
Datum	Kilometerstand	Liter	€ pro Liter	Gesamtbetrag

Datum	Kilometerstand	Liter	€ pro Liter	Gesamtbetrag

Datum	Kilometerstand	Liter	€ pro Liter	Gesamtbetrag

Datum	Kilometerstand	Liter	€ pro Liter	Gesamtbetrag

Datum	Kilometerstand	Liter	€ pro Liter	Gesamtbetrag

Datum	Kilometerstand	Liter	€ pro Liter	Gesamtbetrag

Datum	Kilometerstand	Liter	€ pro Liter	Gesamtbetrag

Datum	Kilometerstand	Liter	€ pro Liter	Gesamtbetrag

Datum	Kilometerstand	Liter	€ pro Liter	Gesamtbetrag

Datum	Kilometerstand	Liter	€ pro Liter	Gesamtbetrag

Datum	Kilometerstand	Liter	€ pro Liter	Gesamtbetrag

Datum	Kilometerstand	Liter	€ pro Liter	Gesamtbetrag

Datum	Kilometerstand	Liter	€ pro Liter	Gesamtbetrag

Datum	Kilometerstand	Liter	€ pro Liter	Gesamtbetrag

Datum	Kilometerstand	Liter	€ pro Liter	Gesamtbetrag

Datum	Kilometerstand	Liter	€ pro Liter	Gesamtbetrag

Datum	Kilometerstand	Liter	€ pro Liter	Gesamtbetrag

Datum	Kilometerstand	Liter	€ pro Liter	Gesamtbetrag

Datum	Kilometerstand	Liter	€ pro Liter	Gesamtbetrag

Datum	Kilometerstand	Liter	€ pro Liter	Gesamtbetrag

Datum	Kilometerstand	Liter	€ pro Liter	Gesamtbetrag

Datum	Kilometerstand	Liter	€ pro Liter	Gesamtbetrag

Datum	Kilometerstand	Liter	€ pro Liter	Gesamtbetrag

Datum	Kilometerstand	Liter	€ pro Liter	Gesamtbetrag

Datum	Kilometerstand	Liter	€ pro Liter	Gesamtbetrag

Datum	Kilometerstand	Liter	€ pro Liter	Gesamtbetrag

Datum	Kilometerstand	Liter	€ pro Liter	Gesamtbetrag
Datum	Kilometerstand	Liter	€ pro Liter	Gesamtbetrag

Datum	Kilometerstand	Liter	€ pro Liter	Gesamtbetrag

Datum	Kilometerstand	Liter	€ pro Liter	Gesamtbetrag

Datum	Kilometerstand	Liter	€ pro Liter	Gesamtbetrag

Datum	Kilometerstand	Liter	€ pro Liter	Gesamtbetrag

Datum	Kilometerstand	Liter	€ pro Liter	Gesamtbetrag

Datum	Kilometerstand	Liter	€ pro Liter	Gesamtbetrag

Datum	Kilometerstand	Liter	€ pro Liter	Gesamtbetrag

Datum	Kilometerstand	Liter	€ pro Liter	Gesamtbetrag

Datum	Kilometerstand	Liter	€ pro Liter	Gesamtbetrag

Datum	Kilometerstand	Liter	€ pro Liter	Gesamtbetrag

Datum	Kilometerstand	Liter	€ pro Liter	Gesamtbetrag

Datum	Kilometerstand	Liter	€ pro Liter	Gesamtbetrag

Datum	Kilometerstand	Liter	€ pro Liter	Gesamtbetrag

Datum	Kilometerstand	Liter	€ pro Liter	Gesamtbetrag

Datum	Kilometerstand	Liter	€ pro Liter	Gesamtbetrag

Datum	Kilometerstand	Liter	€ pro Liter	Gesamtbetrag

Datum	Kilometerstand	Liter	€ pro Liter	Gesamtbetrag

Datum	Kilometerstand	Liter	€ pro Liter	Gesamtbetrag

Datum	Kilometerstand	Liter	€ pro Liter	Gesamtbetrag

Datum	Kilometerstand	Liter	€ pro Liter	Gesamtbetrag

Datum	Kilometerstand	Liter	€ pro Liter	Gesamtbetrag

Datum	Kilometerstand	Liter	€ pro Liter	Gesamtbetrag

Datum	Kilometerstand	Liter	€ pro Liter	Gesamtbetrag

Datum	Kilometerstand	Liter	€ pro Liter	Gesamtbetrag

Datum	Kilometerstand	Liter	€ pro Liter	Gesamtbetrag

Datum	Kilometerstand	Liter	€ pro Liter	Gesamtbetrag

Datum	Kilometerstand	Liter	€ pro Liter	Gesamtbetrag

Datum	Kilometerstand	Liter	€ pro Liter	Gesamtbetrag

Datum	Kilometerstand	Liter	€ pro Liter	Gesamtbetrag

Datum	Kilometerstand	Liter	€ pro Liter	Gesamtbetrag

Datum	Kilometerstand	Liter	€ pro Liter	Gesamtbetrag

Datum	Kilometerstand	Liter	€ pro Liter	Gesamtbetrag

Datum	Kilometerstand	Liter	€ pro Liter	Gesamtbetrag

Datum	Kilometerstand	Liter	€ pro Liter	Gesamtbetrag
Datum	Kilometerstand	Liter	€ pro Liter	Gesamtbetrag
Datum	Kilometerstand	Liter	€ pro Liter	Gesamtbetrag

Datum	Kilometerstand	Liter	€ pro Liter	Gesamtbetrag

Datum	Kilometerstand	Liter	€ pro Liter	Gesamtbetrag

Datum	Kilometerstand	Liter	€ pro Liter	Gesamtbetrag

Datum	Kilometerstand	Liter	€ pro Liter	Gesamtbetrag

Datum	Kilometerstand	Liter	€ pro Liter	Gesamtbetrag

Datum	Kilometerstand	Liter	€ pro Liter	Gesamtbetrag

Datum	Kilometerstand	Liter	€ pro Liter	Gesamtbetrag

Datum	Kilometerstand	Liter	€ pro Liter	Gesamtbetrag

Datum	Kilometerstand	Liter	€ pro Liter	Gesamtbetrag

Datum	Kilometerstand	Liter	€ pro Liter	Gesamtbetrag

Datum	Kilometerstand	Liter	€ pro Liter	Gesamtbetrag

Datum	Kilometerstand	Liter	€ pro Liter	Gesamtbetrag
Datum	Kilometerstand	Liter	€ pro Liter	Gesamtbetrag

Datum	Kilometerstand	Liter	€ pro Liter	Gesamtbetrag

Datum	Kilometerstand	Liter	€ pro Liter	Gesamtbetrag

Datum	Kilometerstand	Liter	€ pro Liter	Gesamtbetrag

Datum	Kilometerstand	Liter	€ pro Liter	Gesamtbetrag

Datum	Kilometerstand	Liter	€ pro Liter	Gesamtbetrag

Datum	Kilometerstand	Liter	€ pro Liter	Gesamtbetrag

Datum	Kilometerstand	Liter	€ pro Liter	Gesamtbetrag

Datum	Kilometerstand	Liter	€ pro Liter	Gesamtbetrag

Datum	Kilometerstand	Liter	€ pro Liter	Gesamtbetrag

Datum	Kilometerstand	Liter	€ pro Liter	Gesamtbetrag

Datum	Kilometerstand	Liter	€ pro Liter	Gesamtbetrag
Datum	Kilometerstand	Liter	€ pro Liter	Gesamtbetrag

Datum	Kilometerstand	Liter	€ pro Liter	Gesamtbetrag

Datum	Kilometerstand	Liter	€ pro Liter	Gesamtbetrag

Datum	Kilometerstand	Liter	€ pro Liter	Gesamtbetrag

Datum	Kilometerstand	Liter	€ pro Liter	Gesamtbetrag

Datum	Kilometerstand	Liter	€ pro Liter	Gesamtbetrag